Impressum

Deutsche Ausgabe:
© 2015 Kids & Concepts GmbH · Breitscheidstraße 10 ·
70174 Stuttgart
Lizenz durch: Kids & Concepts GmbH · Stuttgart
Lektorat: Bianca Drotleff · Kids & Concepts GmbH · Stuttgart
Text: Julia Siegers · JS Verlagsdienstleistungen
Grafik und Satz: Studio Estinghausen, Berlin
ISBN 978-3-86318-217-5
Gedruckt in Europa
www.friendz-verlag.de

Abenteuer Tiere

Ich lese
KURZE
Geschichten

Die besten
Tiergeschichten für Erstleser

Inhalt

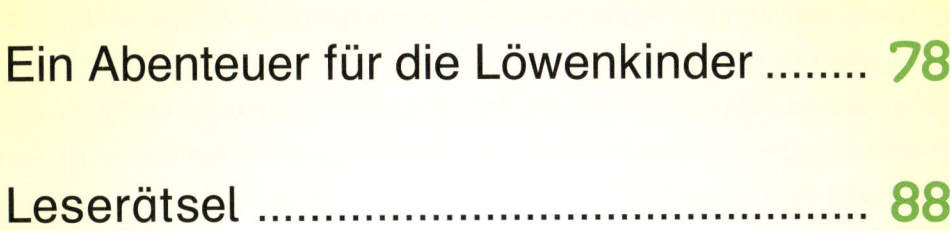

Katzenmusik

Leonie spielt gerne Klavier.

Jede Woche geht sie

zum Unterricht zu Frau Neumeier.

Das macht viel Spaß.

Außerdem hat die Lehrerin

niedliche Kätzchen,

die im Haus herumtollen.

Heute beginnt die Stunde
nicht gleich.
Frau Neumeier muss
noch kurz telefonieren
und lässt Leonie mit den Katzen
allein im Raum.
Wie süß –
ein Kätzchen
knabbert am Katzengras!

Oje,

was macht der kleine Racker

da drüben denn jetzt?

Ein zweites Kätzchen

ist auf den Computer

von Frau Neumeier gehüpft.

Der piept schon ganz komisch.

Schnell sucht Leonie

ein Spielzeug,

um das Kätzchen abzulenken.

Ach prima,

da ist ja ein Ring an einer Schnur!

Das findet auch

die Katze spannend

und läuft zu Leonie.

Während Leonie

mit dem Kätzchen spielt,

stupst sie etwas ans Bein.

„He, ich will auch mitmachen!",

scheint das dritte Kätzchen

zu maunzen.

Zum Glück ist

genug Spielzeug da.

Doch die Kätzchen
haben schon den nächsten Streich
im Sinn.
Frau Neumeier hat vergessen,
den Koffer mit ihren Malfarben
zu schließen.
Der muss natürlich
genau untersucht werden.

„Raus mit euch!",

scheucht Leonie die Kätzchen

aus dem Koffer.

Aber der nächste Schreck

folgt gleich –

einer der vorwitzigen Rabauken

kaut jetzt

auf einem Plastikhefter herum.

Schnell nimmt Leonie

ihm den Hefter

aus den Pfoten.

Puh! Sie hätte nicht gedacht,

dass ein paar Kätzchen

so viel Arbeit machen.

Jetzt hüpfen sie

auch noch aufs Klavier!

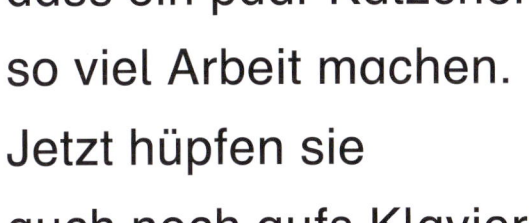

Wie lustig das klingt,

wenn die Kleinen

über die Tasten marschieren.

Leonie spielt mit.

Da hört man

Frau Neumeiers Schritte

auf dem Flur.

Sofort huschen die Katzen

vom Klavier.

Als die Lehrerin kommt,
liegen alle Katzen
gaaanz brav
auf dem Sofa.
Leonie muss leise kichern,
aber verraten wird sie
Frau Neumeier nichts –
großes Katzenkinderehrenwort!

Aufregung in der Tierpension

Toms Oma
hat eine Tierpension –
ein Hotel für Tiere.
Wenn die Herrchen und Frauchen
in den Urlaub fahren,
sind ihre Haustiere
bei Oma gut versorgt
und fühlen sich wohl.

Tom ist gerne bei Oma.

Hier ist

immer etwas los.

So wie jetzt:

Flecki angelt auf einmal

nach Omas Goldfisch.

Daraufhin schickt Oma

alle Hunde nach draußen.

In Omas großem Garten
haben die Hunde
viel Auslauf.
Zum Glück
verstehen sich alle gut.
Gerade schnüffeln sie
aufgeregt an einem Laubhaufen.
Mischling Sammy
beobachtet etwas genau.

Tom kommt
neugierig heran.
Die Hunde haben
zwei Igel aufgeschreckt,
die in dem Laubhaufen
ihr Winternest gebaut haben.
Jetzt laufen die Stacheltiere
ängstlich über die Wiese.

Die Hunde finden,

das ist

ein tolles Spiel.

Sie springen fröhlich

und neugierig bellend

um die Igel herum.

Nur die alte Bulldogge Bernie

bleibt ganz ruhig

und schaut zu.

„Oma, komm schnell,
im Garten sind zwei Igel!",
ruft Tom.
Oma bringt die Hunde
sofort in ihre Boxen.
Dann legt sie
den zitternden Igeln
einen Apfel vom Apfelbaum hin.

Während die Igel fressen,
bauen Oma und Tom
einen kleinen Zaun
um den Laubhaufen.
„Das ist wie ein Stoppschild
für die Hunde", meint Oma.
„Das werde ich ihnen
schon beibringen."

Ein lautes Maunzen
bringt Oma
auf eine neue Idee.
Katze Klara
liegt mitten zwischen
den herabgefallenen Äpfeln.
„Lass uns die Äpfel
für einen Apfelkuchen aufsammeln!",
schlägt Oma vor.

Das lässt sich Tom
nicht zweimal sagen.
Omas Apfelkuchen
ist sooo lecker!
Und mit ein paar fleißigen Helfern
macht das Sammeln
gleich doppelt so viel Spaß,
findet er.

Helfer?

Ja natürlich,

die Tiergäste machen auch mit.

Und selbstverständlich

gibt es auch für sie

am Nachmittag ein Stück Kuchen –

Hundekuchen und Katzen-Leckerlis.

Frühling
auf dem Bauernhof

Der Frühling ist

die schönste Jahreszeit für Larissa,

die auf einem Bauernhof wohnt.

Dann kommen

all die niedlichen Tierbabys zur Welt.

In der letzten Woche

waren es zwei Lämmchen.

Fröhlich springen
die beiden Kleinen inzwischen
mit der Schafherde
auf der Wiese herum.
Larissa könnte ihnen stundenlang
bei ihren lustigen Bocksprüngen
zusehen …

Auch bei den Schweinen
ist Nachwuchs angekommen.
In den ersten Tagen
mussten die rosigen Ferkel
noch in der Box
im Stall bleiben.
Das Wetter draußen
war zu kalt für sie.

An so einem schönen Tag
wie heute
dürfen die Ferkel
aber auch nach draußen.
Vergnügt beobachtet Larissa,
wie sie sich im Gras wälzen,
miteinander spielen und
dabei fröhlich grunzen.

Die ausgelassenen Tierkinder
bringen Larissa
auf eine Idee.
Ihre Kaninchen Karli, Knut und Moppel
fänden es bestimmt auch toll,
ein wenig draußen zu sein
und frisches Gras
auf der Wiese
zu mümmeln.

Neugierig schauen sich die drei
in der neuen Umgebung um
und schnuppern aufgeregt.
Dann knabbern sie erst mal
an den dicken, saftigen Möhren,
die Larissa
ihnen hingelegt hat.

Uiii – was macht denn hier
so komische Geräusche?
Erschrocken hoppeln
die drei Nager zur Seite
und gucken sich
nervös um.
Will ihnen etwa jemand
die Möhren stehlen?

Larissa muss lachen.
Die neugierigen Ferkel
sind herangekommen,
um die merkwürdigen Besucher
mit den langen Ohren
und dem Stummelschwänzchen
genauer zu betrachten.

Nachdem sich alle
ausgiebig beschnuppert haben,
bringt Larissa die Kaninchen
wieder in ihren Stall.
Und auch die Ferkel
müssen wieder
zurück nach drinnen
ins kuschelige Stroh.

Wo sind eigentlich
die Lämmchen?
Ach, da flitzen die zwei
ja gerade um die Ecke.
Larissa streichelt sie
noch mal kurz.
Frühling auf dem Bauernhof
ist einfach herrlich ...

Vier Pfoten auf dem Pferderücken

Die Collie-Hündin Lena lebt
auf einem Reiterhof.
Die großen Pferde
machen ihr
keine Angst.
Im Gegenteil:
Sie sind ihre Freunde
und lassen Lena
sogar auf ihrem Rücken reiten.

Lenas beste Freundin
ist die braune Stute Carlotta.
Auf ihrem Rücken
reitet Lena am liebsten.
Nur in der letzten Zeit
mochte Carlotta
das nicht mehr.
Schade!

Die Stute

hat Lena erzählt,

dass sie

ein Fohlen bekommt.

Da ist es

zu mühsam für sie,

einen Reiter zu tragen.

Auch wenn es nur

ein Collie ist.

Heute ist es
endlich so weit!
Das kleine Fohlen
ist geboren.
Leider darf Lena
nicht in den Stall
zu Carlotta.
Die Stute und ihr Kind
müssen sich erholen.

Lena ist

ganz traurig.

Sie war doch so neugierig

auf das Fohlen.

Zu gerne hätte sie es

aus der Nähe betrachtet.

Nicht mal ihr Hundefreund Carlo

kann sie trösten.

Zum Glück muss Lena
nicht lange warten.
Schon am nächsten Tag
darf das kleine Fohlen
mit Mutter Carlotta auf die Weide.
Jetzt kann Lena
die beiden beobachten.

Das geht am besten,
wenn Lena
auf den Weidezaun klettert.
„Herzlichen Glückwunsch, Carlotta!",
gratuliert die Collie-Hündin
ihrer Freundin
und stupst sie
mit der Pfote an.

„Danke, Lena",
schnaubt Carlotta sanft zurück.
Dann müssen beide
vor Lachen prusten,
als das kleine Fohlen
mit lustigen Sprüngen
über die Wiese tobt.

Lena kann

nicht länger still sitzen.

Sie läuft los

und rennt mit dem Fohlen

um die Wette.

Puh, das war anstrengend!

Jetzt braucht Lena

eine Pause im Haus.

Am Abend
müssen die Pferde
wieder in den Stall.
Vorher verspricht die Stute,
dass Lena
bald wieder reiten darf.
„Wuff", bellt Lena begeistert.
Sie freut sich sehr darauf.

Ein Traumtag für Leon

So ein Glück!

Leon hat beim

Malwettbewerb vom Zoo

den ersten Preis gewonnen!

Die Aufgabe war,

Bilder von Delfinen

aus dem Zoo zu malen.

Leon hat seinen

Lieblingsdelfin Fritzi gemalt.

Über Delfine
weiß Leon fast alles.
Deshalb findet er
seinen Preis
auch einfach super:
Es ist ein Besuch im Delfinarium,
ganz nah bei den Delfinen,
wo sonst kein Besucher hindarf.

Natürlich kommt auch
seine Familie mit in den Zoo.
Aber jetzt geht Leon
erst mal allein
mit dem Tierpfleger
ans Becken,
wo ihn die Delfine
fröhlich keckernd begrüßen.

Der Pfleger
zeigt ihm das Atemloch,
durch das die Delfine
Luft holen,
und ihre spitzen Zähne.
Vorsichtig berührt Leon
die glatte, graue Haut –
die fühlt sich an
wie nasser Radiergummi.

Dann müssen die Delfine
für die Show am Nachmittag
trainieren.
Leon darf mithelfen.
Er wirft
den schlauen Tieren
Bälle und Reifen zu,
die sie geschickt auffangen.
Das macht Spaß!

Natürlich bekommen die Delfine
auch eine Belohnung.
„Wo bleibt mein Fisch?",
scheint einer von ihnen
mit lautem Flossenklatschen
zu fragen.
Das Füttern darf heute
Leon übernehmen.

Danach können die Delfine
bis zur Show
noch ein wenig frei schwimmen.
Vergnügt springen sie
aus dem Wasser in die Luft.
Es ist sogar eine Mutter
mit ihrem Delfinbaby dabei.

Für die Show am Nachmittag
hat Leons Familie
Ehrenplätze bekommen,
damit sie alles gut sehen können.
Leon wirft ganz locker
den Delfinen die Bälle zu,
wie im Training.

Uuups – ein Delfin

hat seinen Ball

sehr schwungvoll zurückgebracht!

Leon hat

einen Wasserschwall abbekommen.

Macht nichts,

das gehört schließlich dazu,

wenn man Delfintrainer ist.

Nass, aber glücklich
betrachtet Leon
den Rest der Show.
Sieht das nicht aus,
als ob ihm der Delfin
mit zwei Reifen
zum Abschied zuwinken würde?
Was für ein traumhafter Tag …

Eine Überraschung für Kater Moritz

Der kleine Kater Moritz

ist ein mutiger Kater,

jawohl!

Furchtlos streunt er

über die Wiese beim Haus,

immer auf der Suche

nach einem Abenteuer.

Mäuse, nehmt euch in Acht!

Oh – da raschelt

doch was im Gras.

Schnell springt Moritz herbei.

Schade, keine Maus!

Sein Schwesterchen Minka

hat einen Käfer aufgestöbert.

Lustig, wie der

durch die Luft fliegt!

„Lass mich auch mal
mit ihm spielen!",
maunzt Moritz.
„Nein, das ist mein Käfer!
Ich hab ihn gefunden!",
faucht Minka zurück.
Aber da ist der Käfer
auch schon weitergeflogen.

Moritz klettert jetzt
mal lieber auf den Baum.
Das Futterhäuschen
für die Vögel
ist ein toller Aussichtspunkt.
Vielleicht kann er
von hier oben
eine Maus entdecken.

Da – da drüben

bewegt sich das Gras!

Wie ein Blitz

schießt Moritz

vom Baum auf die Wiese

und schleicht sich dann

ganz langsam an.

Immer schön

die Stelle im Blick behalten …

So ein Pech –

es war nur der Wind,

der durch das Gras wehte.

Moritz ist sauer

und wälzt sich missmutig

auf der Wiese.

Ist das langweilig,

kein Abenteuer in Sicht!

Iiih – was ist denn hier
plötzlich so feucht?
Das Gras war doch
vorhin gar nicht nass.
Fängt es etwa an
zu regnen?
Moritz reißt die Augen auf
und schaut erschrocken
nach oben.

Ein großer Schatten
ist plötzlich über ihm.
Mama?
Nein, der Schatten
hat zwar auch
ein rot-weißes, kuscheliges Fell,
aber er ist viel größer.
Auweia –
es ist der Hofhund Gustav!

„Du bist aber

ein lustiger kleiner Kerl",

wufft der große Hund

da ganz freundlich

und stupst Moritz

wieder mit seiner feuchten Nase an.

„Wollen wir nicht

zusammen spielen?"

Na, dann los …
Klar will Moritz
mit Gustav spielen,
er ist schließlich
ein mutiger Kater!
Auch Schwesterchen Minka
springt herbei.
Hurra, jetzt gibt es
doch noch ein Abenteuer!

Ein Ausflug für Häschen Knuddel und seine Freunde

Teresa trifft sich heute
mit ihren Freundinnen
bei ihr zu Hause im Garten.
Alle haben
ihre Lieblinge mitgebracht:
Meerschweinchen und Kaninchen
hoppeln munter über den Rasen.

Die Mädchen

knipsen eifrig Fotos

von diesem ganz besonderen Ausflug.

Gar nicht so einfach,

mehrere Tiere zusammen

auf ein Bild zu bekommen.

Aber Teresa gelingt

ein guter Schnappschuss.

Die Mädchen können sich
gar nicht sattsehen
an ihren putzigen Nagern.
„Schaut mal,
wie niedlich Finchen
zwischen den Gänseblümchen sitzt!",
freut sich Teresas Freundin Mia.

Zwei der Meerschweinchen
haben es sich
auf einer Brücke gemütlich gemacht,
die Teresas Papa
für die Tierchen gebaut hat.
So können sie
im Außengehege
ein wenig klettern.

Die Freude der Mädchen
wird ganz plötzlich
durch lautes Hundegebell gestört,
gefolgt von
einem rasanten Wirbelwind
auf vier Beinen.
„Oh nein – Timmi!",
ruft Teresa erschrocken.

Sie hat vergessen,

dass ihre Tante

mit ihrem kleinen Hund

zu Besuch kommen wollte.

Wie immer

springt der freche Racker

sofort in den Garten,

und die Nager

flüchten verängstigt.

Ein Pfiff von Tante Lisa

ruft Timmi zum Glück

sofort zurück.

Aber wo sind jetzt die Haustiere?

„Seht mal!", ruft Teresa.

Zwei Meerschweinchen

haben sich

aufs Spielhäuschen gerettet.

Ein weiteres Meerschweinchen
ist vor Schreck
ins Planschbecken gehüpft,
und ein anderes hat
in einem Eimer
Zuflucht gesucht.
Zum Glück ist ihnen
nichts passiert.

Auch Häschen Knuddel
ist schnell gefunden.
Aber es fehlen
noch zwei Meerschweinchen!
Suchend schaut sich Teresa um.
Da drüben liegt Papas Strohhut.
Der Wind hat ihn
vom Haken geweht.

Oh, der Hut rutscht ja
von alleine
über den Rasen.
Teresa hebt ihn hoch.
Hurra – da sitzen die beiden Ausreißer!
Die Mädchen müssen lachen,
und der Schreck
ist schnell vergessen.

Ein Abenteuer für die Löwenkinder

Puh! Heute war
ein anstrengender Tag,
findet Löwenmädchen Sina.
Mama hat ihr
und ihrem Bruder Simon gezeigt,
wie man sich
an Beute anschleicht
und wo man Wasser
zum Trinken findet.

Jetzt will Sina
eigentlich nur faulenzen.
Das klappt leider nicht,
wenn man
einen Bruder hat,
der nie müde wird.
„Los, Sina, wir klettern auf den Baum!",
fordert er Sina auf.

Ohne auf Sina zu warten,

klettert Simon geschickt los.

Das hat er sich

von Mama und Papa

genau abgeguckt.

Sina bleibt trotzdem

lieber liegen

und schaut über die Savanne.

Da hinten
steht ein großes, geflecktes Tier.
Wie heißt das noch mal?
Ach ja, Giraffe,
hat Mama gesagt.
Sina reckt sich –
so ein langer Hals
wäre ihr echt zu umständlich.

Da kommt ja endlich Papa.
Er passt immer
auf das Rudel auf,
während die Löwinnen
auf Jagd gehen.
Dann dürfen die Kinder
auf ihm herumklettern
und mit ihm schmusen.

Nirgendwo kuschelt es sich
so gemütlich wie in Papas Mähne,
wenn er eine seiner
tollen Geschichten erzählt.
Er hat schon viel
in der Savanne erlebt
und kennt alle Tiere.

„Schau mal, Sina,
bei den Giraffen
stehen die Elefanten!
Sie benutzen ihren Rüssel,
um Wasser zu trinken."
Das findet Sina lustig.
Nur als die Elefanten
laut trompeten,
erschrickt sie.

„Mir ist langweilig",

mault Simon jetzt.

Er will keine Geschichten

mehr hören,

sondern Fangen spielen.

„Na gut",

gibt Sina nach

und springt dann ganz schnell auf.

„Fang mich doch!"

Da kommt Mama zu ihnen.

„Habt ihr keinen Hunger?",

fragt sie.

Und ob!

Wie gut, dass Sina und Simon

noch Mamas Milch

trinken können!

Die schmeckt süß

und macht satt.

Langsam senkt sich
die Dunkelheit
über die Savanne.
Auch kleine Löwenkinder
müssen nach einem aufregenden Tag
schlafen gehen.
Träum süß
von Giraffen und Elefanten,
kleine Sina!

Leserätsel

Prima, du hast alle Geschichten gelesen und hoffentlich viel Spaß dabei gehabt. Wie gut du die Abenteuer deiner Tierfreunde behalten hast, kannst du mit den Rätselfragen testen. Notiere die Buchstaben vor den richtigen Antworten der Reihe nach in den Lösungskästchen auf Seite 91. Das Lösungswort haben viele Kinder einfach zum Knuddeln gern.

1. Weshalb verlässt Frau Neumeier vor Leonies
   Klavierstunde den Raum?

   O   Sie möchte in der Küche noch etwas trinken.

   K   Sie muss telefonieren.

2. Zu welcher Hunderasse gehört der gemütliche,
   alte Bernie?

   A   Bulldogge

   B   Rauhaardackel

3. Welche neugeborenen Tierkinder beobachtet
   Larissa auf dem Bauernhof?

   T   Kälbchen und Kätzchen

   N   Lämmchen und Ferkel

4. Weshalb darf Collie Lena nicht mehr auf der Stute Carlotta reiten?

E   Lena ist zu schwer geworden.

I   Carlotta bekommt ein Fohlen.

5. Wobei hat Leon seinen Traumtag bei den Delfinen gewonnen?

C   Bei einem Malwettbewerb

S   Bei einem Wettschwimmen

6. Welchen Aussichtspunkt findet Moritz, als er auf den Baum klettert?

H   Er kriecht ins Futterhäuschen für die Vögel.

K   Er steigt in ein Baumhaus, das Kinder gebaut haben.

7. Wo finden die Mädchen die letzten beiden Meerschweinchen?

U   In einer Sandkuhle unter einem Busch

E   Unter dem Strohhut von Teresas Papa

8. Wo leben die Löwenkinder Sina und Simon?

N   In der Savanne

G   In der Wüste Sahara

Lösungswort:

				N				

Ob deine Lösung richtig ist, kannst du auf Seite 93 nachsehen.

Lesefans, aufgepasst!

PLAYMOBIL:
Aufregung
im Zoo

ISBN 978-3-86318-196-3

PLAYMOBIL:
Wirbel um das Fohlen
vom Reiterhof

ISBN 978-3-944107-42-4

PLAYMOBIL:
Die geheime Welt
der Dinos

ISBN 978-3-944107-05-9

Die Schlümpfe:
Geschichten zum Lesenlernen

ISBN 978-3-86318-193-2

Die Schlümpfe:
Schlumpfige Geschichten für Erstleser

ISBN 978-3-86318-132-1

Yakari:
Geschichten zum Lesenlernen

ISBN 978-3-86318-133-8

Yakari:
Kurze Geschichten für Erstleser

ISBN 978-3-86318-179-6

Yakari:
Indianergeschichten für Erstleser

ISBN 978-3-86318-338-7

Yakari:
Geschichten für Erstleser

ISBN 978-3-86318-327-1

Löwenzahn:
Fritz und Keks im Rausch der Lüfte

ISBN 978-3-944107-04-2

Der kleine Prinz:
Eine spannende Planetenreise

ISBN 978-3-944107-03-5

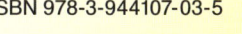

93

Lösungswort Seite 91: Kaninchen